Eli Jaxon-Bear
Sabrina Lorenz

Da lacht der Erleuchtete

Die besten spirituellen Witze

Mit 53 Karikaturen von Erika Ifang

Knaur

Für Toni und Mausi

Wir danken allen herzlich,
die ihre Lieblingswitze beigesteuert haben –
und ganz besonders denen, die wir
dafür nicht zum Essen einladen mußten.

Inhalt

Vorwort

Während der Arbeit an diesem Buch hatte ich das Glück, einen der wirklich erleuchteten, weisen Männer Indiens kennenzulernen. Als ich diesen Mann beobachtete, fiel mir auf, wieviel er lachte und wie gerne er Lachen bei anderen provozierte.
Eines Tages saßen wir zu sechst mit ihm in seinem Wohnzimmer. In der Nacht zuvor hatte eine Frau aus unserer Gruppe ein tiefes spirituelles Aha-Erlebnis gehabt. Ihre Erkenntnis machte den Weisen sehr glücklich, und er forderte die Frau auf, an seiner Seite zu sitzen. Ihr Ehemann wurde sauer: Er war daran gewöhnt, die erste Geige zu spielen. Und nun schien seine Frau nicht nur der Erleuchtung näher – sie wurde auch besser behandelt. »Warum bekommt sie deine besondere Aufmerksamkeit?« fragte er verletzt und ärgerlich. Der achtzigjährige Weise antwortete, ohne sich von der offensichtlichen Wut des Mannes beeindrucken zu lassen: »Sie sitzt hier neben mir, weil sie deine bessere Hälfte ist.« Er machte eine kleine Pause, lächelte den Mann liebevoll an und setzte hinzu: »Und du bist die andere Hälfte.«
Wir lagen am Boden vor Lachen. Das Gelächter schnitt durch die melodramatische Schwere der Situation. Ich lachte so heftig, daß mein Verstand stehenblieb und die Welt sich auflöste. Szenen aus anderen Leben tauchten vor mir auf, und ich wußte, wenn ich nur lange genug lachen würde, könnte ich mich durch endlose Leben voller Leiden hindurchlachen – bis zur Erleuchtung in der Gegenwart.
Als das Gelächter schließlich verebbte, sagte der Weise,

Lachen sei eine Form von Shakti und sehr nahe an der Erleuchtung. Wir leben in einem Traum, und wenn wir heftig genug lachen, dann verliert der Traum seine nahtlose Qualität. Durch Lachen bekommt die Realität – die wir für solide halten – Risse, durch die das Licht scheinen kann.
Was für die Raupe den Tod bedeutet, nennt der Meister einen Schmetterling. Sprenge den Kokon der normalen Realität, breite die Flügel aus und fliege.

Eli Jaxon-Bear
Lucknow, Indien, 30.1.90

Der Weg zur Erleuchtung muß nicht unbedingt lang sein. Das oben beschriebene Gelächter ermöglicht eine Abkürzung, bei der man sich so schnell um sich selbst dreht, daß man sich plötzlich von hinten sieht.
Aber nicht jeder ist gewillt, die Tragik seines Lebens dem erstbesten Witz zu opfern. Viele von uns fragen sich in Situationen, die diese Möglichkeit beinhalten, meist hartnäckig: »What's so funny?«
Die hier gesammelten Witze sollen Ihnen helfen, den »Weg des Lachens« zu entdecken. Um ihn beschreiten zu können, müssen Sie möglicherweise einiges Gepäck zurücklassen – zum Beispiel liebgewonnene Glaubenssätze wie »Nur Idioten sind fröhlich«.
An den Anfang jedes Kapitels haben wir eine oder mehrere kleine Geschichten gestellt, zur Einstimmung in das Thema.
Möge das Gelächter der Erleuchteten das Weltall aus den Angeln heben. Hi Ho.

Sabrina Lorenz
Café des Arts, Cannes, 30.5.90

1

Das Wesen des Menschen

Der Narr und das Glück

Ein junger Mann fand, er habe zuwenig Glück im Leben, und er beschloß, Gott aufzusuchen, um ihn zu bitten, das zu ändern. Man sagte ihm, Gott wohne in der Tiefe eines dunklen Waldes, und so machte er sich auf den Weg.
Am Waldrand traf er einen Wolf. »Junger Mann, wohin gehst du?« rief der Wolf.
»Zu Gott, damit er einen Glückspilz aus mir macht«, antwortete der junge Mann.
»Wenn du Gott siehst«, sagte der Wolf, »frag ihn doch, warum ich immer solchen Hunger habe.«
»Mache ich«, versprach der junge Mann und ging weiter.
Als er ein Stück durch den Wald gegangen war, kam er an einem schönen Mädchen vorbei, das traurig an einem Fluß saß. Das Mädchen rief ihn zu sich: »Junger Mann, wohin gehst du?«
»Zu Gott, damit er einen Glückspilz aus mir macht«, antwortete der junge Mann.
»Wenn du ihn siehst, frag ihn doch bitte, warum ich immer so unglücklich bin«, bat das Mädchen.
»Ich frage ihn«, sagte der junge Mann und ging weiter.
Nach einer Weile hörte er einen Baum, der in der Nähe des Flusses stand, rufen: »Junger Mann, wohin gehst du?«
»Zu Gott, damit er einen Glückspilz aus mir macht«, antwortete der junge Mann.
»Wenn du ihn siehst, frag ihn doch bitte, warum ich immer so durstig bin, obwohl ich hier am Fluß stehe«, bat der Baum.

»Geht in Ordnung«, sagte der junge Mann und ging weiter. In der Mitte des Waldes traf der junge Mann Gott.
»Gott«, sagte er, »ich möchte, daß du einen Glückspilz aus mir machst. Mein ganzes Leben lang habe ich Pech gehabt. Zur Abwechslung könnte ich etwas Glück gebrauchen.«
»Okay«, sagte Gott.
Bevor der junge Mann sich wieder auf den Weg machte, stellte er Gott die Fragen der drei, die er unterwegs getroffen hatte. Dann eilte er zurück, um sein neues Leben zu beginnen. In seiner Aufregung lief er an dem Baum vorbei, aber der rief ihn zurück: »Junger Mann, was ist mit meiner Frage?«
»Ach ja, Gott sagte, du bekommst nicht genug Wasser, weil zwischen deinen Wurzeln und dem Fluß ein vergrabener Schatz liegt, aber ich kann mich jetzt nicht länger mit dir unterhalten. Ich bin jetzt ein Glückspilz und habe es eilig.«
Er rannte weiter, und als er an dem Mädchen vorbeikam, rief es: »Junger Mann, was ist mit meiner Frage?«
»Ach ja«, rief er im Laufen zurück, »Gott sagte, du bist so unglücklich, weil du so einsam bist. Er sagte, daß ein gutaussehender junger Mann hier vorbeikommen würde und ihr euch ineinander verlieben und glücklich leben könntet bis ans Ende eurer Tage. Aber nun muß ich schnell weiter, ich habe jetzt Glück, und mein neues Leben wartet.«
Als er aus dem Wald gelaufen kam, rief der Wolf ihm zu: »Junger Mann, was ist mit meiner Frage?«
»Ach ja«, antwortete der junge Mann, »Gott sagte, du bist so hungrig, weil du nicht genug zu fressen hast. Doch falls der Narr weit genug kommt, um dir das auszurichten, kannst du ihn zum Mittagessen haben.«

Mulla Nasrudin hat eines Nachts seinen Hausschlüssel verloren. Auf allen vieren sucht er im Lichtschein einer Straßenlaterne wie besessen jeden Zentimeter nach seinem Schlüssel ab. Ein Freund kommt vorbei und fragt ihn: »Was machst du denn da?«

Der Mulla antwortet: »Ich suche meinen Schlüssel.«

Sein Freund sagt: »O wirklich? Hast du ihn denn unter der Laterne verloren?«

Der Mulla schaut grinsend zu ihm hoch und antwortet: »Nein, ich habe ihn tatsächlich nicht hier, sondern dort drüben in den dunklen Büschen an der Pforte verloren, aber hier im Licht sieht man so viel besser.«

Herr Meier ist zusammen mit seinem Guru und seinem Therapeuten auf einer einsamen Insel gestrandet. Eines Tages findet er im Sand eine magische Flasche. Er öffnet sie, und heraus kommt ein Flaschengeist, der zum Dank für seine Befreiung jedem einen Wunsch gewährt.
Der Guru antwortet als erster: »Ich möchte zurück in meinen Ashram, zu meinen geliebten Anhängern.« Spricht's und ist verschwunden.
Als nächster sagt der Therapeut: »Ich wünsche mir, wieder in München zu sein, bei meiner Familie, bei meinen Freunden und Klienten.« Spricht's und ist verschwunden.
Herr Meier blickt mit einem verwirrten Gesichtsausdruck um sich: »Ich weiß nicht, was ich will. Ich wünschte, die beiden anderen wären hier, um mir zu helfen ...«

Der Klient zum Therapeuten:
»Zwar belastet mich, was war, und was kommt, ängstigt mich, aber in der Zwischenzeit geht's mir prima.«

Mulla Nasrudin beschließt, seinem Leben ein Ende zu setzen. Eines Abends marschiert er los, einen Brotlaib unter den Arm geklemmt. Als er an einen Bahnübergang kommt, legt er sich auf die Schienen.

Ein Bauer, der zufällig vorbeikommt, fragt ihn verwundert, was er da mache.

»Ich scheide aus dem Leben«, antwortet der Mulla.

»Wozu brauchst du dann das Brot?« erkundigt sich der Bauer.

»In diesem Land«, stöhnt der Mulla, »kann man glatt verhungern, bevor endlich ein Zug kommt.«

Zwei Priester fliegen erster Klasse zu einer Konferenz. Der jüngere von beiden fliegt zum ersten Mal.
»Champagner?« fragt lächelnd die Stewardeß.
»Aber gerne«, antwortet der junge Priester.
»Eher würde ich Unzucht treiben, als Alkohol zu trinken«, zischt sein älterer Kollege.
Der junge Priester stellt sofort sein Glas auf das Tablett der Stewardeß zurück und lächelt sie scheu an: »Ich wußte nicht, daß wir wählen können.«

Ein Philosoph ist jemand, der in einem dunklen Zimmer mit verbundenen Augen nach einer schwarzen Katze sucht.
Ein Metaphysiker ist jemand, der in einem dunklen Zimmer mit verbundenen Augen eine schwarze Katze sucht, die gar nicht da ist.
Ein Theologe ist jemand, der in einem dunklen Zimmer mit verbundenen Augen eine schwarze Katze sucht, die gar nicht da ist, und plötzlich ruft: »Ich habe sie!«

Der Therapeutengruß:
»Hallo, Wie geht's mir heute?«

Auf einem belebten Marktplatz erhebt sich plötzlich die laute Stimme eines Bettlers. »Hat jemand ein Bündel Geldscheine verloren, mit einem Gummiband darum?«
Alle rennen zu dem Mann hin. »Ja, ich! Ich!«
»Gut«, freut sich der Bettler, »ich habe nämlich das Gummiband gefunden.«

Zwei Mönche wanderten die Straße entlang und kamen an einen Fluß. Am Ufer stand eine Frau, die nicht wußte, wie sie auf die andere Seite gelangen sollte.
Einer der Mönche nahm sie hoch und trug sie auf seinem Rücken über den Fluß.
Schweigend setzten die beiden Mönche ihre Reise fort. Nach einigen Stunden sagte schließlich der eine: »Bruder, du weißt, daß unser Orden es uns verbietet, Frauen zu berühren. Wie konntest du nur so etwas tun?«
Der andere Mönch antwortete: »Ich habe die Frau am Fluß zurückgelassen. Warum trägst du sie immer noch?«

Nasrudin und seine Frau sind zu einer sehr eleganten Abendgesellschaft eingeladen. Auf dem Nachhauseweg fragt Nasrudin seine Frau: »Meine Liebe, hat dir jemals jemand gesagt, daß du die wunderschönste, charmanteste und unterhaltsamste Frau der Welt bist?«
Daraufhin errötet sie und sieht Nasrudin gerührt an: »Nein, mein Lieber, das hat mir noch niemand gesagt.«
»Nicht? Warum tust du dann so, als ob?«

Nasrudin gehört dem Klub der »Ehemänner, die ihre Frauen nicht fürchten« an. Wie immer wird das Klubtreffen mit den Worten eröffnet: »O furchtlose Männer, setzet euch!« Alle außer Nasrudin setzen sich.
»Was ist denn? Hast du etwa Angst vor deiner Frau?«
»Natürlich nicht, aber gestern hat sie mich so verprügelt, daß ich mich nicht hinsetzen kann.«

Ein Engländer, ein Franzose und ein Russe versuchen zu definieren, was Glücklichsein bedeutet. »Wirklich glücklich bist du, wenn du nach der Arbeit müde nach Hause kommst und dort ein Gin-Tonic auf dich wartet«, meint der Engländer.
»Ihr Engländer seid so unromantisch«, kontert der Franzose. »Wirklich glücklich ist man, wenn man auf einer Geschäftsreise ein hübsches Mädchen kennenlernt, das einem die Nacht versüßt.«
»Ihr habt beide keine Ahnung«, sagt kopfschüttelnd der Russe. »Wirklich glücklich bist du, wenn du zu Hause im Bett liegst, es ist vier Uhr morgens, es hämmert an der Tür, der Geheimdienst steht davor und sagt zu dir: ›Igor Zhrkovski, Sie sind verhaftet‹, und du bist in der Lage zu sagen: ›Tut mir leid, Igor Zhrkovski wohnt nebenan.‹«

Ein Bettler, unrasiert, mit verrotteten Zähnen und blutunterlaufenen Augen, bittet einen irischen Gentleman um eine Münze.

»Trinkst du Alkohol? Rauchst du oder bist du ein Spieler?« fragt ihn der Ire.

»Mister, ich rühre keinen Tropfen an, ich habe nie geraucht, und sündiges Spiel ist mir fern!«

»Okay, wenn du mit mir nach Hause kommst, gebe ich dir zwei Münzen.«

Als sie das Haus des Iren betreten, nimmt die Hausfrau ihren Mann beiseite und zischt: »Wie kannst du diesen entsetzlichen Menschen nur in unser Haus bringen!«

»Liebling«, antwortet ihr Mann, »ich wollte nur, daß du einmal siehst, wie ein Mann aussieht, der nicht trinkt, nicht raucht und nicht spielt.«

Drei Philosophen sitzen in Rußland im Gefängnis. Eines Tages beschließen sie auszubrechen und besorgen sich unter großen Mühen einen Nachschlüssel. Um Mitternacht schleicht einer von ihnen vor, um die Tür aufzusperren. Nach einer Weile kommt er zurück.

»Was ist denn los?« fragen die beiden anderen, als sie sein langes Gesicht sehen.

»Unser Plan ist wertlos, wir können nicht fliehen«, antwortet er. »Der Nachtwächter hat vergessen, die Tür abzuschließen.«

Ein Mann kommt zum Arzt.

Arzt: »Ich habe eine gute und eine schlechte Nachricht. Welche möchten Sie zuerst hören?«

Patient: »Zuerst die schlechte.«

Arzt: »Es tut mir leid, aber Sie haben nur noch drei Monate zu leben.«

Der Patient ist am Boden zerstört.

Patient: »Und was ist die gute Nachricht?«

Arzt: »Haben Sie im Vorzimmer die neue Sprechstundenhilfe gesehen, die Blonde mit den langen Beinen?«

Patient: »Ja.«

Arzt: »Seit gestern habe ich ein Verhältnis mit ihr!«

Ein deutscher Tourist wandert in Polen die Landstraße entlang. Da kommt ein Bauernwagen. Der Deutsche fragt den Bauern: »Wie weit ist es von hier bis zur Stadt Suwalki?«
»Eine halbe Stunde.«
»Darf ich mitfahren?«
»Bitte.«
Sie fahren eine halbe Stunde. Der Deutsche wird unruhig: »Wie weit ist es denn jetzt noch bis Suwalki?«
»Eine gute Stunde oder so.«
»Was? Vorhin haben Sie gesagt, eine halbe Stunde, und so lange fahren wir doch schon!«
»Ja, aber in die andere Richtung.«

Ein Mann war beim Psychotherapeuten. Seine Mutter fragt ihn: »Nun, was hat er gesagt?«
»Er hat gesagt, ich hätte einen Ödipuskomplex.«
»Macht nichts. Hauptsache, du hast Mami lieb.«

Zwei Obdachlose sitzen auf einer Parkbank. Sagt der eine:
»Wenn du zwei Villen hättest, würdest du mir dann eine geben?«
»Ja, natürlich«, antwortet der zweite.
»Wenn du zwei Limousinen hättest, würdest du mir dann eine geben?« fragt der erste wieder.
»Ja, natürlich«, antwortet der zweite.
»Wenn du zwei Paar Schuhe hättest, würdest du mir dann ein Paar geben?«
»Nein, würde ich nicht.«
»Warum denn nicht?«
»Weil ich zwei Paar Schuhe habe.«

Der Rabbi ist alleine in der Synagoge. Er liegt auf den Knien, schlägt sich auf die Brust und sagt:
»Ich bin ein Nichts, ich bin ein Nichts, ich bin ein Nichts ...«
Der Kantor betritt die Synagoge, sieht den Rabbi, kniet neben ihm nieder und stimmt mit ein:
»Ich bin ein Nichts, ich bin ein Nichts, ich bin ein Nichts ...«
Da kommt der polnische Pförtner, um den Boden zu fegen. Und während er beim Fegen den Besen im Takt bewegt, murmelt er mit den anderen:
»Ich bin ein Nichts, ich bin ein Nichts, ich bin ein Nichts ...«
Der Rabbi schaut hoch, sieht den Pförtner und sagt zum Kantor:
»Da schau, wer sich einbildet, ein Nichts zu sein.«

2

Das Wesen der Realität

Ein Becher voll Maya

Vor langer Zeit lebte in Indien ein Held. Eines Tages begegnete er Vishnu. Sie wanderten zusammen durch das Land, und Vishnu fragte ihn, ob er irgendeinen Wunsch habe, den er ihm erfüllen könne.

»Lehre mich, was Maya bedeutet«, bat der Mann.

»O nein«, sagte Vishnu, »wünsche dir irgend etwas anderes, nur nicht das.«

»Aber ich möchte von dir lernen, was Maya bedeutet«, beharrte der Mann.

»Du kannst dir alles wünschen«, sagte Vishnu, »eine schöne, hingebungsvolle Frau, große Reichtümer, Paläste, Gesundheit, ein langes Leben.«

»Ich möchte lernen, was Maya bedeutet«, antwortete der Mann.

»Nun gut«, sagte Vishnu, »wenn das dein Wunsch ist, werde ich ihn erfüllen. Aber hole mir bitte zuerst einen Becher voll Wasser von dem Bauernhaus da drüben, und dann werde ich dich lehren, was Maya bedeutet.«

Der Mann ging zu dem Bauernhaus und klopfte höflich an die Tür. Die Tür wurde von der schönsten Frau geöffnet, die er je gesehen hatte. Sie war nicht nur wunderschön, sie hatte auch tiefe, seelenvolle Augen. Er sah in diese Augen und verliebte sich. In diesem Augenblick wußte er, daß sie sich von vielen früheren Leben her kannten und daß sie füreinander bestimmt waren. Sie wußte es ebenfalls. Sie bat ihn ins Haus und stellte ihn ihrer Familie vor. Ihre Eltern hießen ihn willkommen, als sei er ihr eigener, geliebter Sohn. Als er mit ihnen beisammensaß, fühlte er so tiefen Frieden in sich, daß er wußte, hier war er zu Hause. Er hielt um die Hand des Mädchens an, und die Eltern gaben mit Freuden ihren Segen. Sie schenkten dem Paar ein Stück Land und ein kleines Bauernhaus.

Es dauerte nicht lange, da hatte das Paar Kinder. Erst einen kleinen Jungen, dann ein kleines Mädchen. Ihre Liebe zu den Kindern vertiefte ihre Liebe zueinander. Die Felder brachten reiche Ernte. Sie lebten mit den Jahreszeiten und waren mit ihrem Leben zufrieden und glücklich.

Dann, eines Tages, hörte man schreckliches Donnergrollen aus den Bergen. Der Himmel verdunkelte sich, und die Erde bebte, und eine gewaltige Flut ergoß sich in die Ebene. Der Mann ergriff seine kleine Tochter mit der einen Hand, seine Frau und den Jungen mit der anderen. Sie rannten davon. Die Wassermassen zerstörten erst ihre Felder, dann das Haus. Sie liefen, so schnell sie konnten, aber das Wasser um sie herum begann zu steigen, und eine plötzliche Flutwelle trennte den Mann von seiner Frau. Er schrie auf und versuchte, nach ihr zu greifen, als sie weggerissen wurde. Dabei verlor er das Baby, das er getragen hatte. Er schrie wieder auf, und das Leid zerriß sein Herz. Er klagte und weinte, und um ihn herum tobte der Sturm, der sein Haus, seine Liebe und sein Leben zerstört hatte. Er blickte nach unten und sah, wie seine Tränen in das schlammige, tosende Wasser fielen, in dem er stand. Als die Tränen die Wasseroberfläche berührten, beruhigte sich das Wasser und wurde klar. Er sah auf und erkannte, daß er in einen Becher geweint hatte, den er in der Hand hielt. Er blickte in Vishnus Augen.

Vishnu lächelte und sagte: »Das ist Maya.«

Zwei befreundete Sufis treffen sich auf der Straße. Der eine zieht einen 111 Meter langen Wollfaden hinter sich her.
»Warum ziehst du denn den Wollfaden hinter dir her?« fragt der andere.
»Warum nicht? Soll ich ihn vor mir herschieben?«

Ein Jäger namens Bill besaß einen ganz besonderen Hund, der die Fähigkeit hatte, auf dem Wasser zu laufen. Bill war so stolz auf seinen Hund, daß er sein Geheimnis einfach mit irgend jemand teilen mußte, und so lud er seinen besten Freund zur Entenjagd ein.

Am frühen Morgen fuhren sie auf den See hinaus. Bill schoß eine Ente. Sein Hund sprang sofort aus dem Boot, lief übers Wasser, schnappte sich die Ente, lief übers Wasser zurück und sprang wieder ins Boot. Bill drehte sich stolz zu seinem Freund um, aber der sah weg und tat so, als habe er nichts bemerkt.

Bill schoß eine zweite Ente. Der Hund lief wieder übers Wasser, holte sie, lief zurück und sprang ins Boot. Bill sah sich voller Stolz zu seinem Freund um, aber der drehte sich wieder weg und tat, als merke er nichts.

Nach dem dritten Mal hielt Bill es nicht mehr aus: »Ist dir nichts an meinem Hund aufgefallen?« fragte er seinen Freund.

»Nun«, antwortete der Freund, »eigentlich wollte ich nichts sagen – aber Bill, dein Hund kann ja gar nicht schwimmen.«

Ein Indianerstamm in Montana war berühmt für seine Fähigkeit, einen harten Winter voraussagen zu können. Die Weißen bemühten sich vergebens herauszufinden, wie die Indianer das machten. Ein weißer Mann entschloß sich dazu, der Sache auf den Grund zu gehen und bei den Indianern zu leben. Als er sie ein Jahr lang ohne Erfolg beobachtet hatte, hielt er es nicht mehr aus. Er ging zum Häuptling und bat ihn, das Geheimnis zu lüften.
Der Häuptling lächelte: »Du mußt dir einen guten Aussichtspunkt suchen, von dem aus du viele Meilen weit sehen kannst. Und dann mußt du zählen.«
»Zählen?« fragte der Mann.
»Ja, zählen«, antwortete der Häuptling. »Im Herbst zählst du die Wagenladungen mit Feuerholz, die die Weißen herbeibringen.«

Frage: Wie viele Leute sind in New-Age-Kreisen nötig, um eine Glühbirne auszuwechseln?
Antwort: Zehn. Einer, um die Birne zu wechseln, und neun, um die Erfahrung zu teilen.

Die Autos stehen in kilometerlangen Schlangen in der Stadt. Es ist der schlimmste Verkehrsstau, den Delhi je erlebt hat. Der Oberinspektor in Verkehrsangelegenheiten macht sich zu Fuß auf den Weg zum Zentrum des Staus, um zu sehen, was da los ist. Schließlich kommt er an einen großen Platz, in dessen Mitte ein Polizist postiert ist, dessen Aufgabe es ist, den Verkehr zu regeln. Der Polizist aber hüpft herum, winkt in alle möglichen Richtungen und kriecht auf den Knien herum, wobei er seine Hände weit von sich streckt.

»Guter Mann«, schreit der Inspektor, »was zum Teufel machen Sie da?«

»Ich füttere die Affen«, antwortet der Polizist.

»Großer Gott« brüllt der Inspektor, »hier sind doch keine Affen!«

Der Polizist sieht mit einem schüchternen Lächeln zu dem Inspektor auf, blinzelt und sagt: »Das macht nichts. Ich habe, ehrlich gesagt, auch kein Futter.«

TO BE IS TO DO – Laotse
TO DO IS TO BE – Sartre
DO BE DO BE DO – Sinatra

Die beiden Grenzwächter waren ratlos. Jeden Morgen kam Nasrudin auf einem Esel angeritten, der zwei leere Körbe trug, passierte die Grenze und kam abends ohne die Körbe zurück. Man munkelte, Nasrudin sei ein Schmuggler, aber so gründlich die Grenzbeamten ihn auch untersuchten, sie fanden nie etwas.

Nasrudins Reichtum mehrte sich auf unerklärliche Weise, und eines Tages beschloß er, in eine andere Gegend zu ziehen. Dort traf er nach Jahren einen der beiden Grenzwächter wieder.

»Sag, was in aller Welt hast du damals eigentlich geschmuggelt?«

»Esel.«

Ein Wahrheitssucher begab sich auf Pilgerschaft. Zum Abschied schenkten ihm seine Freunde einen schönen gebogenen Wanderstab. Der Mann betrachtete ihn und stellte bedauernd fest, daß er zu lang war.

»Schneid ihn doch ab«, rieten seine Freunde.

Er schüttelte den Kopf: »Nein, es wäre schade, den schönen Bogen abzuschneiden.«

»Schneid ihn unten ab«, meinten die Freunde ungeduldig.

»Unten ist er nicht zu lang.«

Ein Psychotherapeut geht durch die 5th Avenue in New York und trifft einen Kollegen, der ein Sofa vor sich herschiebt.
Er fragt ihn: »Was machst du denn da?«
»Ich? Hausbesuche.«

Wer sucht,
findet nichts.

Wer nicht sucht,
findet auch nichts.

Ein weißer Amerikaner beobachtet den Regentanz eines Indianerstammes. Als anschließend Regen fällt, gibt er seiner Bewunderung Ausdruck. Daraufhin sagt der Medizinmann zu ihm: »Warum so bescheiden? Die Magie der Weißen ist auch nicht schlecht. Immer, wenn sie keinen Schirm dabei haben, regnet es.«

Ein Priester, ein Pfarrer und ein Rabbi streiten über den Beginn des Lebens.
»Das Leben beginnt mit der Empfängnis«, behauptet der Priester.
»Nein, mit der Geburt«, meint der Pfarrer.
»Unsinn«, sagt der Rabbi. »Das Leben beginnt, wenn die Kinder aus dem Haus sind und der Hund tot ist.«

Zwei Freundinnen treffen sich auf der Straße. Die eine ist hochschwanger.
»Weißt du«, sagt die andere, »ich würde alles dafür geben, ein Kind zu haben. Aber bei meinem Mann und mir scheint es hoffnungslos zu sein.«
»Ich weiß, wie du dich fühlst. Bei uns war es ganz genauso. Aber wie du siehst, bin ich jetzt schon im achten Monat.«
»Wie hast du das geschafft?«
»Ich bin zum Guru gegangen, zu Swami Etceteranda.«
»Ach, das haben wir auch probiert. Mein Mann und ich sind sechs Monate lang zu ihm gegangen.«
»Stell dich nicht so dumm, geh allein hin!«

Nasrudin tritt mit einer Schüssel Erbsen aus seinem Haus und streut die Erbsen sorgfältig rings ums Haus herum.
Ein Freund kommt vorbei und fragt Nasrudin erstaunt, was er da mache.
»Ich halte die Tiger fern.«
»Aber bei uns gibt es doch keine Tiger.«
»Da siehst du, wie gut das Mittel wirkt!«

Ein Wanderprediger hat eine wundervolle Rede gehalten. Als er fertig ist, holt ein Zuhörer ein Buch hervor, schlägt es auf und sagt zu dem Prediger: »Hieraus habt Ihr die Predigt Wort für Wort gestohlen!«
Der Prediger: »Wieso gestohlen? Sie steht ja noch drin!«

Der Mulla geht zur Bank, um einen Scheck einzulösen.
»Kann ich bitte Ihren Ausweis sehen?« fragt der Bankangestellte.
Der Mulla sieht ihn verständnislos an.
»Ich brauche eine zweifelsfreie Identifizierung«, erklärt der Angestellte.
»Oh, kein Problem«, antwortet der Mulla, greift in die Tasche, holt einen Spiegel heraus, schaut hinein und sagt: »Ja, kein Zweifel, ich bin's.«

BANK

Ein westdeutscher Tourist fährt durch Osteuropa. Unterwegs sieht er einen Bauern, der ein Schwein unter einem Apfelbaum in die Luft hebt und es so hält, daß es die an den Ästen hängenden Äpfel genüßlich fressen kann. Der Tourist traut seinen Augen kaum. »Ist das nicht eine fürchterliche Zeitverschwendung?« fragt er den Bauern.
»Mag sein«, antwortet dieser. »Aber was bedeutet Zeit schon für ein Schwein?«

»Herr Bankdirektor, ich brauche dringend einen Kredit über 15.000 Mark.«
»Wozu brauchen Sie denn das Geld?«
»Ich bin bei meinem Psychiater eingeschlafen.«

Eines Tages kommt ein befreundeter Nachbar des Mulla vorbei, um sich den Esel des Mulla auszuleihen. Er klopft an die Tür. Der Mulla öffnet, und der Freund fragt, ob er den Esel ausleihen könne.
»Oh«, sagt der Mulla, »ich würde ihn dir liebend gerne leihen, aber unglücklicherweise habe ich ihn heute schon verliehen.«
Der Nachbar versteht, dankt dem Mulla für seine Mühe und geht. Er hat noch keine zehn Schritte gemacht, da hört er plötzlich Eselsgeschrei aus dem Stall des Mulla. Der Freund wird sehr wütend. Er läuft zum Haus zurück und hämmert an die Tür.
»Mulla«, ruft er aus, als dieser öffnet, »du hast mir erzählt, du hättest deinen Esel verliehen, und jetzt höre ich ihn in deinem Stall schreien!«
»So«, sagt der Mulla ruhig zu seinem Nachbarn, »wem wirst du nun glauben, mir oder dem Esel?«

Nasrudin betritt das Teehaus und verkündet:
»Der Mond ist nützlicher als die Sonne.«
»Warum denn, Mulla?«
»Nachts brauchen wir das Licht mehr als am Tag.«

Dummheit ist:
Immer wieder dasselbe zu tun und unterschiedliche Ergebnisse zu erwarten.

100

Ein Mann nimmt einen Drink in einer Bar, als sich ein zwielichtig aussehender Typ im Trenchcoat neben ihn schiebt, den Kragen hochgeschlagen, den Hut ins Gesicht gezogen, und ihm ins Ohr flüstert: »He, Mann, bist du an einer Kreuzfahrt interessiert? Kostet nur schlappe zwei Scheine.«

»Ja, sicher«, antwortet der Mann, »das hört sich gut an. Wann und wo?«

»Komm' einfach um elf Uhr heute nacht runter zum Pier Fünf«, flüstert der Fremde.

Um elf Uhr nachts geht der Mann zum Pier Fünf. Es ist dunkel, und dicker Nebel hängt in der Luft. Ein Nebelhorn dröhnt unheimlich durch die Nacht. Der Pier ist einsam und verlassen. Da treten zwei große Männer aus dem Dunkel: »He, kommst du wegen der Kreuzfahrt?«

»Jawohl, wegen der Kreuzfahrt«, antwortet der Mann und holt sein Geld aus der Tasche. Dann wird es schwarz um ihn. Als er langsam das Bewußtsein wiedererlangt, hat er eine schmerzende Beule am Hinterkopf. Er setzt sich auf und sieht, daß er in einem kleinen Ruderboot auf dem Meer treibt. Ein zweiter Mann liegt neben ihm. Der wacht gerade auf, reibt sich den Hinterkopf, setzt sich ebenfalls auf und sieht sich um.

Der erste Mann fragt ihn: »Sagen Sie, wissen Sie, ob auf dieser Kreuzfahrt Drinks serviert werden?«
»Ich weiß nicht. Letztes Jahr gab es keine.«

Ein sehr armer Mann wohnt gegenüber von einem sehr teuren Restaurant. Mittags weht stets der Duft von köstlichen Speisen zu ihm herüber. So setzt er sich jeden Mittag vor seine Haustür, ißt sein karges Mahl und genießt dabei die Düfte aus dem Restaurant. Und wie er da eines Tages wieder sitzt, kommt ein Kellner aus dem Restaurant und präsentiert ihm eine Rechnung. »Für den Duft diverser Speisen«, steht darauf. Der Mann sieht verdutzt auf die Rechnung. Dann läuft er ins Haus, kommt mit seiner kleinen Sparbüchse zurück, hält sie dem Kellner ans Ohr, schüttelt sie und sagt: »Hiermit zahle ich für den Duft deiner Speisen mit dem Klang meiner Münzen.«

Ein Sufi-Schüler ist auf dem Nachhauseweg. Die Straßenbahn, mit der er immer fährt, kommt so langsam voran, daß er beschließt, zu Fuß hinterherzulaufen. Unterwegs trifft er seinen Meister.
Der Meister: »Na, heute zu Fuß?«
Der Schüler deutet auf die Straßenbahn: »Ich spare das Fahrgeld.«
Der Meister: »Hast du dir mal überlegt, wieviel mehr du sparen könntest, wenn du hinter einem Taxi herlaufen würdest?«

3

Das Wesen der Religion

Das Gehen an Krücken

Vor langer, langer Zeit regierte ein Kaiser namens Agram ein großes Reich. Agram war ein mächtiger und mutiger Kaiser, und sein Land lebte wirtschaftlich im Überfluß und im Frieden mit allen Nachbarn.
Eines Tages veranstaltete Agram eine Treibjagd. Er war ein erfahrener Jäger, aber an diesem Tag fiel er so unglücklich vom Pferd, daß er sich sein rechtes Bein brach. Agram mußte mehrere Wochen still liegen, bevor er mit Hilfe einer Krücke wieder gehen konnte. Alle Ärzte des Landes wurden zu Rate gezogen, aber der Zustand des Kaisers wollte sich nicht bessern; er konnte weiterhin nur mit Krücken laufen. Agram war sehr niedergeschlagen. In den folgenden Monaten verlor er alle Lebensfreude. Er vernachlässigte die Staatsgeschäfte, und unter seinen Ministern wuchsen Unruhe und Sorge über die Zukunft des Reiches. Schließlich berief der Kanzler eine außerordentliche Sitzung der gesamten Regierung ein. In dieser Versammlung wurde beschlossen, daß für alle Regierungsmitglieder und ihre Mitarbeiter – zum Zeichen ihrer Solidarität mit dem Kaiser – von nun an das Gehen an Krücken verbindlich sei. Wer das übertrieben fand, wurde vom Kreis der engen Mitarbeiter ausgeschlossen.
Nach und nach wurde so das Gehen mit Krücken zur Gewohnheit. Es verbreitete sich in den Familien der Regierungsmitglieder, unter ihren Freunden und bei den Beamten in allen Gebieten des Reiches. Einige Jahre später wurde das Krückengehen durch ein kaiserliches

Dekret verpflichtend für alle Bewohner. Ein neugeschaffenes Ministerium übernahm die Oberaufsicht für Produktion und Auslieferung der Krücken. Überall im Reich wurden Fabriken, Läden, Informationsstellen und Ausbildungszentren für die Kunst des Krückengehens eröffnet. Die denkwürdige Einführung dieses magischen Gegenstands in die Gebräuche des Reiches wurde alljährlich an einem Nationalfeiertag gebührend gewürdigt, der für den Jahrestag von Agrams Sturz vom Pferd festgelegt wurde. Hin und wieder kam es auch vor, daß sich jemand weigerte, an der Krücke zu gehen. Solche Menschen wurden von den Sonderpolizeieinheiten des »Ministeriums für Angemessenes Gehen« beseitigt, inhaftiert oder des Landes verwiesen. Bei der Organisation wurde nichts dem Zufall überlassen; eigene Abteilungen an Universitäten und Schulen gewährleisteten die Aus- und Weiterbildung der jungen Generation im Krückengehen. Nach Agrams Tod setzten seine Nachfolger die Tradition des Krückengehens fort. Fabriken und Kunsthandwerker stellten Krücken verschiedenster Arten und Formen her, aus Gold, Silber, Messing, Holz – und sogar aus Stein. Allerdings wurden die steinernen Krücken aufgrund ihres Gewichts nur zur Dekoration und als Ausstellungsobjekte in Museen verwendet.

Das Krückengehen war so natürlich geworden, daß nur wenige im Reich des verstorbenen Agram sich ein Leben ohne Krücken vorstellen konnten. Doch diese wenigen hatten in sich ein vages Gefühl, das ihnen zuflüsterte, ein Leben in Freiheit könne nur der führen, der die Krücken wegwarf und der lernte, auf zwei Beinen zu gehen. Und so begann die Sehnsucht nach der unbekannten Freiheit zu wachsen …

Ein Hindu ist in den Himmel gekommen und wird von einem Engel herumgeführt. Unterwegs sehen sie eine Gruppe von Seelen vorbeiziehen.
Der Engel flüstert: »Psst, leise, die darf man nicht stören.«
»Warum nicht?« erkundigt sich der Hindu.
»Das sind Katholiken. Die glauben, sie sind alleine hier.«

Ein Bischof und ein Rabbi sitzen in einem Zugabteil. Nach einer Weile packt der Bischof ein mit Schweinefleisch belegtes Brötchen aus und beißt hinein. Als er den hungrigen Blick des Rabbi sieht, bietet er ihm die Hälfte an.

Der Rabbi lehnt ab: »Nein, das verbietet mir mein Glaube.«

»Schade«, bedauert der Bischof kauend, »ist so gut!«

An der Endstation steigen beide aus. Der Rabbi wird von seiner Frau abgeholt, die ihm freudestrahlend um den Hals fällt.

Der Bischof steht alleine da.

»Sind Sie nicht verheiratet?« fragt der Rabbi scheinheilig.

»Nein, das verbietet mir mein Glaube.«

»Schade, ist so gut!«

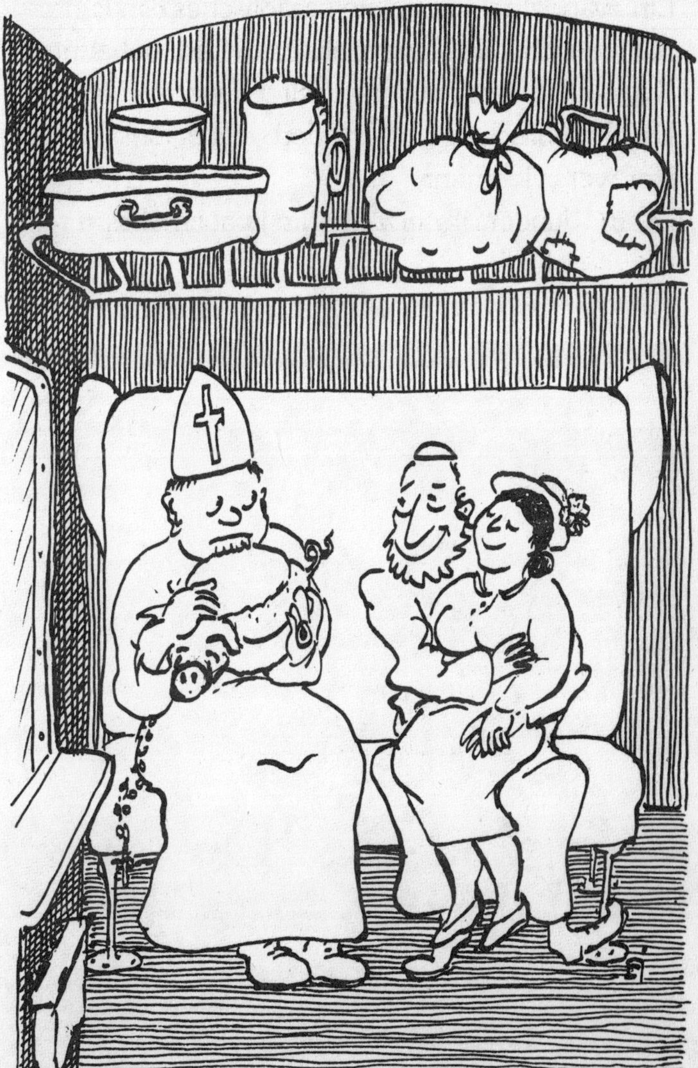

Ein evangelisches und ein katholisches Kind unterhalten sich. Das evangelische Kind behauptet: »Unser Pfarrer ist viel gescheiter als euer Priester.« Das katholische Kind erwidert: »Aber unser Priester weiß viel mehr.«
»Kein Wunder, ihr erzählt ihm ja auch alles.«

Ein frommer Jude kommt nach seinem Tod in den Himmel. Da er auf Erden so fromm gewesen ist, gewährt Gott ihm einen Wunsch. »Ich wünsche mir, meinen alten Rabbi wiederzusehen, der vor zehn Jahren gestorben ist«, bittet der Jude.
»Okay«, antwortet Gott, »das läßt sich machen.«
Und im selben Augenblick sieht der fromme Jude seinen Rabbi, wie er an einem großen Schreibtisch sitzt, die Brille auf der Nase, und an einem Kommentar zu einem heiligen Text schreibt. Hinter ihm steht ein bildhübsches blondes Mädchen, das sich zärtlich an ihn schmiegt, ihm etwas ins Ohr flüstert und mit seinen Haaren spielt.
»Rabbi!« ruft der fromme Jude erstaunt, »ist sie deine Belohnung?«
»Nein«, antwortet der Rabbi, ohne aufzublicken, »ich bin ihre Strafe.«

Eine christliche Mutter belehrt ihr Kind: »Diene anderen. Dienen ist Religion. Gott hat dich geschaffen, um anderen zu dienen.«
»Mama, das verstehe ich, daß Gott mich erschaffen hat, um anderen zu dienen. Aber ich habe noch eine Frage: Warum hat Gott die anderen geschaffen? Um mir zu dienen?«

Ein Jude betet mit gewaltigem Stimmaufwand. Sein Nebenmann, beschwichtigend:
»Mit Gewalt wirst du hier auch nichts ausrichten!«

Moshe grübelt, welchen Beruf sein Jüngster einmal ergreifen soll. Er nimmt ihn mit zum Rabbi, um dessen Meinung zu hören. Der Rabbi hat eine Idee: Er legt den Talmud, die Thora und eine Goldmünze vor dem Jungen auf den Boden, fordert ihn auf, sich etwas auszusuchen, und flüstert Moshe zu: »Greift er nach dem Talmud, soll er werden ein Rabbi. Greift er nach der Thora, soll er werden ein Jurist. Greift er nach der Münze, soll er werden ein Geschäftsmann.«
Moshes Jüngster schaut sich die Sachen genau an – und nimmt alle drei.
Der Rabbi schüttelt ungläubig den Kopf, dann sagt er: »Nun soll er werden ein katholischer Priester!«

Was hat ein Pfarrer mit einem Wegweiser gemeinsam?
Beide weisen den Weg und gehen ihn nicht.

Hölle
Land

»Kannst du mir erklären, was Talmud bedeutet?«
»Aber ja, paß auf: Zwei Männer fallen durch einen Schlot. Der eine bleibt ganz sauber, der andere wird voller Ruß. Welcher wird sich waschen?«
»Selbstverständlich der, der voller Ruß ist.«
»Eben nicht. Der Saubere wäscht sich. Er sieht nämlich, daß der andere voller Ruß ist, und glaubt deswegen, er sei es auch. Der Rußige dagegen hält sich für sauber, weil er sieht, daß der andere sauber ist. Weiter: Sie fallen ein zweites Mal durch den Schlot. Welcher wird sich waschen?«
»Der Saubere.«
»Eben nicht. Der Rußige wäscht sich. Er hat nämlich kapiert, warum der Saubere sich gewaschen hat – der wiederum hat beim Waschen gesehen, daß er sauber war. Weiter: Sie fallen zum dritten Mal durch den Schlot. Welcher wird sich waschen?«
»Ab jetzt immer der Rußige.«
»Eben nicht. Hat man je gehört, daß von zweien, die durch denselben Schlot fallen, einer rußig wird und der andere nicht? – Das, mein Freund, das ist Talmud.«

Der Pfarrer am Sonntag zur Gemeinde: »Liebe Christen, die Predigt fällt heute aus, denn ich habe euch etwas zu sagen.«

Auf einer Versammlung zur Erneuerung des Glaubens. »Glaubt, und ihr werdet geheilt!« ruft der Evangelistenprediger von der Bühne. Eine Frau auf Krücken und ein Mann kommen nach vorne.
Der Evangelist fragt: »Wie ist Ihr Name, gute Frau?«
»Ich bin Frau Schmidt«, gibt sie zur Antwort, »und schon seit zwanzig Jahren kann ich nicht mehr ohne Krücken laufen.«
»Gut, Frau Schmidt«, sagt er, »gehen Sie dort hinter den Vorhang und beten Sie.«
Er wendet sich an den Mann und fragt: »Wie ist Ihr Name?«
»Ich heife Famuelf«, antwortet der, »und ich habe fon feit ich mich erinnern kann einen Fprachfehler.«
»In Ordnung, Herr Samuels«, sagt der Prediger, »gehen Sie hinter diesen Vorhang zu Frau Schmidt und beten Sie.«
Einige Minuten sind vergangen, als der Evangelist verkündet: »Ich glaube, es ist Zeit. Frau Schmidt, werfen Sie Ihre linke Krücke über den Vorhang.«
Das Publikum hält den Atem an – die Krücke kommt über den Vorhang gesegelt.
»Frau Schmidt, werfen Sie nun Ihre rechte Krücke über den Vorhang.«

Die Menge johlt begeistert, als die zweite Krücke geflogen kommt. Zuversichtlich befiehlt der Evangelist: »Herr Samuels, sagen Sie jetzt etwas mit lauter, deutlicher Stimme, so daß wir es alle hören können.«
Hinter dem Vorhang ertönt Samuels Stimme: »Frau Fmidt ift foeben auf den Arf gefallen.«

Moshe ist bei seinem Freund David in der Nachbargemeinde zu Besuch.
Moshe: »Hast du schon von dem neuen Wunder gehört, das unser Rabbi vollbracht hat?«
David: »Hör bloß auf! Unser Rabbi ist ein Reformer. Ihr haltet es vielleicht für ein Wunder, wenn Gott tut, was euer Rabbi will. Für uns ist es ein viel größeres Wunder, wenn unser Rabbi tut, was Gott will.«

Warum leben die Priester im Zölibat?
Damit sie sich nicht so stark vermehren.

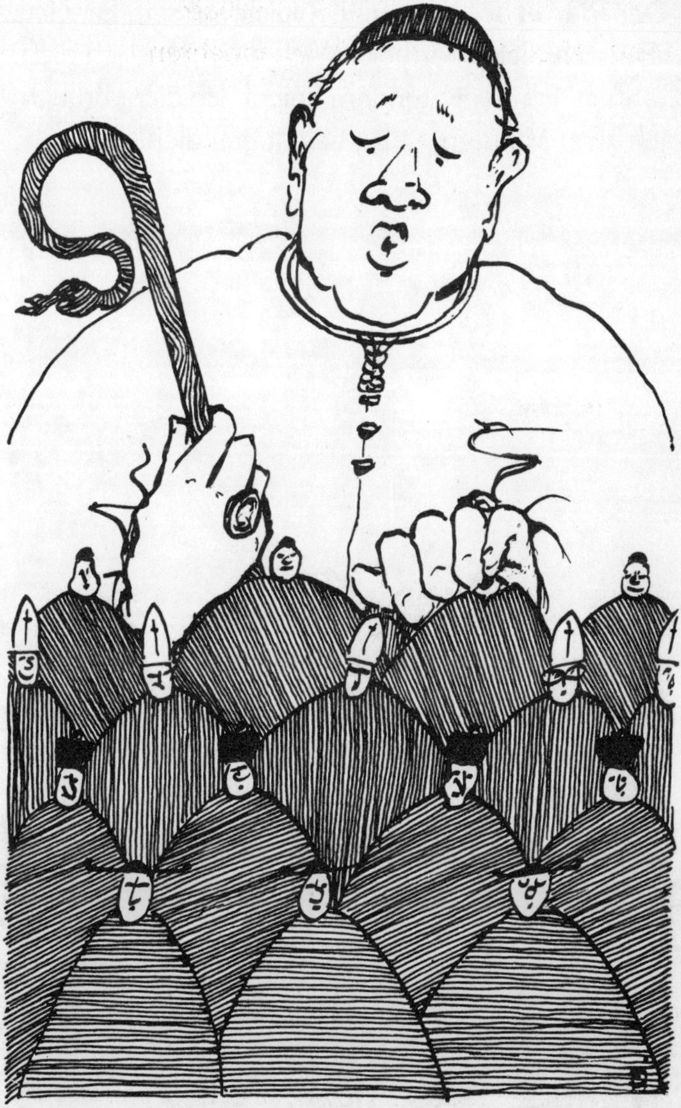

Der Pfarrer schaut nachdenklich auf sein Brevier: »Bet' ich dich oder beicht' ich dich? Bet' ich dich, brauch' ich zwei Stunden; beicht' ich dich, brauch' ich zwei Minuten – also beicht' ich dich!«

Ein Jude kommt zum Rabbi und fragt: »Ist es erlaubt, am Jom Kippur mit einer Frau zu schlafen?«

Der Rabbi denkt nach und entscheidet: »Schon. Aber nur mit der eigenen. Ein Vergnügen soll's nicht sein.«

Der wortkarge Herr Meier geht am Sonntag alleine zur Kirche, weil seine Frau sich nicht wohl fühlt. Als er zurückkommt, fragt sie ihn: »Über was hat der Pfarrer denn gepredigt?«
»Die Sünde«, lautet die spärliche Antwort.
Sie versucht es noch einmal: »Und was hat er so im einzelnen darüber gesagt?«
»Er war dagegen.«

Der junge Rabbi entschließt sich nach langem Zögern, mit dem reichsten Mitglied seiner Gemeinde zu sprechen.
»Warum schlafen Sie jedesmal bei meiner Predigt?« fragt der Rabbi.
»Würde ich schlafen, wenn ich Ihnen nicht trauen würde?«

Ein Jude kommt in eine kleine jüdische Gemeinde und wundert sich, daß das Bethaus so klein ist. »Da geht doch nie die ganze Gemeinde hinein«, sagt er zum Synagogendiener, worauf dieser erwidert: »Das ist so: Würde die ganze Gemeinde jemals hineingehen, so würde sie natürlich nie hineingehen. Aber da niemals die ganze Gemeinde hineingeht, geht die ganze Gemeinde spielend hinein.«

Ein Jude hat sich taufen lassen und geht zum ersten Mal zur Beichte.

»Ich habe mit einer scheenen Dame gegen das sechste Gebot verstoßen.«

»Wie oft denn, mein Sohn?«

»Aber Hochwürden, für was bin ich hier – um mich zu berihmen oder um mich zu beknirschen?«

Ein Pfarrer und ein Busfahrer gelangen nach ihrem Tode gleichzeitig ans Himmelstor. Petrus mustert beide, dann sagt er zu dem Busfahrer: »Du kannst direkt in den Himmel.« Zu dem Pfarrer sagt er: »Tut mir leid, du mußt vorher noch ein Weilchen ins Fegefeuer.«
Der Pfarrer verlangt entrüstet eine Erklärung.
»Bei deiner Predigt haben die Leute immer geschlafen«, sagt Petrus und deutet auf den Busfahrer, »aber wenn er gefahren ist, haben sie alle gebetet.«

Der Rabbi hat einen befreundeten Pfarrer zum Essen eingeladen. Wie ihm der Wein schmecke, möchte er wissen.
Der Pfarrer verzieht das Gesicht: »Getauft.«
»No was«, gibt der Rabbi zur Antwort, »wird man schlechter vom Taufen?«

Ein Lama, ein Rabbi und ein Bischof machen eine Bootsfahrt.
Nach einer Weile verkündet der Lama, er habe Hunger und wolle etwas essen gehen – steigt aus dem Boot und läuft übers Wasser ans Ufer.
Daraufhin meint der Rabbi, er habe ebenfalls Hunger – steigt auch aus dem Boot und läuft übers Wasser ans Ufer.
Der Bischof traut seinen Augen kaum, dann denkt er: Was die können, kann ich auch. »Halt, wartet auf mich, ich komme mit!«
Er steigt aus dem Boot, um übers Wasser zu laufen, und versinkt.
Da rufen die beiden am Ufer: »Du mußt schon auf die Steine treten ...«

4

Das Wesen Gottes

Gibt es den Ozean?

Die Wellen rollten ans Ufer. Tiefes Rauschen begleitete ihre stetige Bewegung, ihren Tanz, bis sie sich an der steilen Felsküste brachen.
Eines Tages rollte eine sehr große, alte Welle heran. Sie kam von sehr weit her.
Eine junge, kleine Welle schob sich neben sie und fragte: »Hast du jemals vom Ozean gehört? Gibt es ihn wirklich?«
»Ja, ich habe vom Ozean reden hören«, erwiderte die alte, große Welle, »aber ich habe ihn natürlich niemals selbst gesehen.«

Dem Schüler eines weisen Gurus wird eines Tages nach jahrelanger, ernsthafter Meditation plötzlich mit einem Schlage klar: ALLES IST GOTT! Überwältigt von der Ekstase dieser Erkenntnis wandert er über Land und erkennt die gesamte Schöpfung als Gott. »Das Gras ist Gott, der Himmel ist Gott, die Bäume sind Gott!« Trunken vor Glück setzt er sich auf einer Straße nieder. »Die Straße ist Gott, der Staub ist Gott, ich bin Gott!«

Da kommt ein Elefant um die Straßenbiegung, auf dem ein Elefantenführer sitzt. Der Elefant kommt genau auf ihn zu. »Geh aus dem Weg – geh aus dem Weg!« ruft der Elefantenführer.

»Der Elefant ist Gott, der Elefantenführer ist Gott, ich bin Gott!« fährt der Mann fort.

Der Elefant rennt ihn um und trampelt ihn fast zu Tode. Der Schüler kriecht blutend und mit gebrochenen Knochen zu seinem Guru zurück. Als er dem Guru erzählt, was geschehen ist, bricht dieser in lautes Gelächter aus.

»Ich verstehe nicht, was es da zu lachen gibt«, sagt der Schüler, dessen Gefühle verletzt sind.

Der Guru grinst und antwortet: »Warum hast du nicht auf Gott gehört, als er dir zurief, du sollst aus dem Weg gehen?«

»Allahs Wille geschieht immer.«
»Woher weißt du das?«
»Na, wenn es nicht so wäre, würde meiner auch manchmal geschehen ...«

An jedem Sabbat geht Moshe in die Synagoge und betet inständig:
»Lieber Gott, laß mich einmal gewinnen in der Lotterie!«
Die Jahre vergehen, und als Moshe im Sterben liegt, läßt er sich in die Synagoge tragen und flüstert: »Lieber Gott, laß mich einmal gewinnen in der Lotterie!«
Da spaltet ein Donnerschlag die Synagoge und eine gewaltige Stimme ertönt von oben: »Moshe, gib mir 'ne Chance, kauf dir einmal ein Los!«

Ein Mann reist alleine durch den Dschungel. Plötzlich hört er hinter sich ein Geräusch im Gebüsch, und als er sich umdreht, sieht er einen Löwen auf sich zukommen. In Todesangst läuft er zum nächsten Baum, zieht sich an einem Ast hoch und winkelt die Beine an. Der Löwe folgt ihm, stellt sich unter den Baum und stößt ein fürchterliches Gebrüll aus. Der Mann hat kaum noch die Kraft, sich an dem Baum festzuhalten. Verzweifelt blickt er nach oben und ruft zum Himmel hinauf: »Gott, wenn es dich wirklich gibt, dann sage mir, was ich tun soll!«

Von oben kommt eine gewaltige Stimme: »Laß los!«

Der Mann schaut nach unten, auf den Löwen. Dann blickt er wieder zum Himmel und fragt zögernd: »Ist sonst noch jemand da oben?«

»Unser Pastor ist genau wie der liebe Gott«, stöhnt ein Gemeindemitglied, »am Sonntag unbegreiflich und während der Woche unsichtbar.«

Moshes fünfzigster Geburtstag steht vor der Tür. Sein ganzes Leben lang hat Moshe in korrekter Weise Gottes Gebote befolgt. Er trägt den vorgeschriebenen Bart, die langen Haare, den schwarzen Mantel und den Hut. Jeden Morgen verrichtet er seine Gebete und geht in die Synagoge.

An seinem fünfzigsten Geburtstag will er eine neue Erfahrung machen: Ein einziges Mal will er die Welt so erleben wie alle anderen Menschen. Ein einziges Mal will er die Straße entlanggehen, ohne angestarrt zu werden. So zieht er los und kauft sich einen sportlichen Anzug. Er rasiert den Bart ab und ersteht eine Mütze, unter der er die langen Haare verstecken kann.
Am Morgen seines Geburtstages zieht er die neuen Sachen an, betrachtet sich im Spiegel und schickt sich an, einen kleinen Spaziergang zu machen.
Er verläßt das Haus und hat noch keine drei Schritte gemacht, als ein Bus um die Ecke kommt und ihn überfährt.
Er kommt direkt in den Himmel und zu Gott. Er ist wütend.
»Gott«, sagt er, »wie konntest du mir das antun? Mein ganzes Leben lang habe ich alle deine Gebote befolgt. Mein ganzes Leben lang habe ich täglich zu dir gebetet. Ein einziges Mal will ich einen kleinen Spaziergang machen, und du tust mir das an. Wie konntest du nur?«
Gott scheint einen Moment lang verwirrt. Dann erhellt sich sein Gesicht, und er ruft: »Moshe! Du bist's!«

Ein reicher Jude sitzt in der Synagoge und betet. Sein Nebenmann fleht lautstark:
»Bitte, lieber Gott, gib mir zehn Rubel, nur zehn Rubel, ich bitte dich!«
Nach einer Weile dreht sich der reiche Jude zu ihm hin, drückt ihm zehn Rubel in die Hand und sagt:
»Hier hast du deine zehn Rubel, und nun lenk Ihn mir nicht länger ab!«

Ein evangelischer Pfarrer, ein katholischer Priester und ein Rabbi unterhalten sich darüber, wie sie die Kollekte für göttliche und für persönliche Zwecke aufteilen.

Der Pfarrer sagt: »Ich lasse Gott bestimmen. Ich male einen Kreis auf den Boden, stelle mich hinein und werfe das Geld in die Luft. Was außerhalb des Kreises herunterkommt, gehört dem Herrn, was in den Kreis fällt, gehört mir.«

Der Priester ist überrascht: »Ich mache es auch so. Ich male einen Kreis, stelle mich hinein, werfe das Geld in die Luft. Ich gebe Gott das, was im Kreis landet, und was außerhalb landet, behalte ich.«

Der Rabbi meint: »So ähnlich mache ich es auch. Ich werfe das ganze Geld in die Luft, und was Gott sich schnappt, gehört ihm.«

Der Rabbi erzählt seinen Schülern: »Ein armer Fischer fand eines Tages am Meeresstrand einen ausgesetzten Säugling. Er wußte nicht, was er tun sollte, also betete er zu Gott, und der ließ ein Wunder geschehen: Ehe der Fischer sich's versah, waren ihm Brüste gewachsen, und er konnte das Baby stillen.«

»Aber Rabbi«, protestiert einer der Schüler, »was soll das? Warum müssen einem Mann Brüste wachsen? Gott ist doch allmächtig. Warum hat er den Fischer nicht einfach reich gemacht, dann hätte er sich eine Amme leisten können.«

Der Rabbi kommt nach ausgiebigem Nachdenken zu dem Schluß:

»Warum soll Gott ausgeben bar Geld, wenn er kann auskommen mit einem Wunder?«

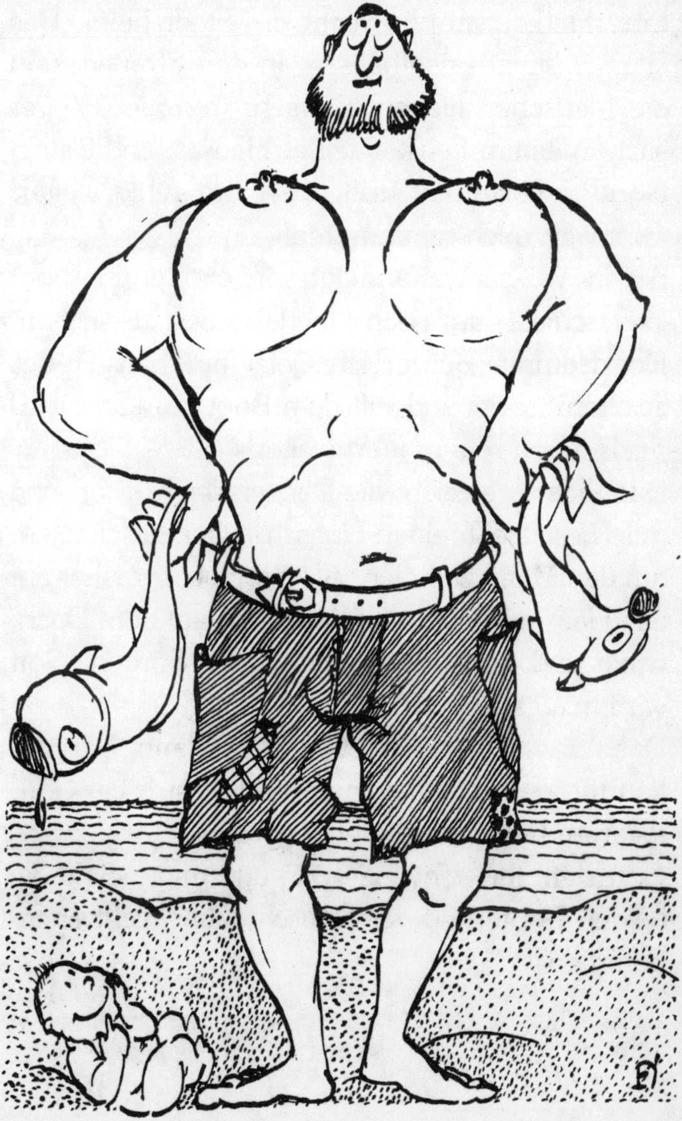

Eine Flutkatastrophe sucht die Stadt heim. Das Wasser steigt unaufhaltsam in den Straßen, und die Menschen fliehen. Ein sehr frommer Bürger sitzt an einem Fenster seines Hauses, und als ein Boot vorbeikommt, ruft er: »Fahrt ruhig weiter! Gott wird mich schon retten!«
Als das Wasser weiter steigt, wird ein Rettungsboot losgeschickt, um nach Überlebenden zu suchen. Der fromme Bürger sitzt jetzt am Fenster des zweiten Stocks und ruft dem Boot zu: »Gott wird mich schon retten, fahrt weiter!«
Das Wasser erreicht die Dächer der Häuser, und man beschließt, einen Hubschrauber zu schicken, um den Mann zu holen. Als der Hubschrauber auf das Haus zufliegt, steht der Mann auf dem Dach, winkt und ruft: »Macht euch keine Sorgen, Gott wird mich schon retten!«
Das Wasser steigt weiter, der Mann ertrinkt, kommt in den Himmel und beklagt sich bei Gott: »Warum hast du mich nicht gerettet?«
Gott sieht ihn verwundert an und fragt: »Sind die beiden Boote und der Hubschrauber nicht angekommen?«

Ein Jude betet: »Lieber Gott, du erbarmst dich doch über ganz fremde Leut – warum nicht über mich?«

In Bayern ist ein Kirchturm vom Blitz getroffen worden und abgebrannt.
Der Pfarrer besucht die Gemeindemitglieder, um Geld für den Wiederaufbau zu sammeln.
Der Alois Hundhammer schüttelt den Kopf: »Naa, Hochwürden, aan Hausherrn, der wo sei eigens Haus o'zündt, dem gib i nix!«

Ein Mann gibt im Urlaub bei einer jüdischen Schneiderei eine Hose in Auftrag. Der Urlaub geht zu Ende, ohne daß die Hose geliefert wird, und so reist der Mann verärgert ohne sie ab. Die Jahre vergehen, und der Mann macht am selben Ort Urlaub. Die Hose hat er längst vergessen – da kommt plötzlich der Schneider und bringt sie.
»Du meine Güte«, staunt der Mann, »Gott hat die Welt in sieben Tagen erschaffen, und Ihr näht sieben Jahre an einer einzigen Hose!«
Der Schneider streicht zärtlich über die Hose: »Schon. Aber schaut Euch an die Welt – und schaut Euch an diese Hose!«

Petrus spielt mit Gott eine Partie Golf. Petrus macht den ersten Schlag, und der Ball geht direkt ins Loch. Gott ist dran, und auch er trifft schon mit dem ersten Schlag ins Loch. Die nächste Runde geht genauso aus.
Petrus wirft einen nachdenklichen Blick auf Gott und sagt dann: »Sag mal, was hältst du davon, wenn wir Golf spielen und die Wunder aus dem Spiel lassen?«

Der Pfarrer geht mit dem kleinen Hans durch die verschneite Landschaft.
Pfarrer: »Sieh nur, wie wunderbar der liebe Gott den See hat zufrieren lassen!«
Hans: »Kunststück – im Winter!«

Eine Frau steht am Meer, ihr Baby auf dem Arm, und betrachtet den Sonnenaufgang. Da erhebt sich aus der ruhigen See urplötzlich eine riesige Welle, rollt auf den Strand zu, entreißt ihr das Baby und sinkt ins Meer zurück. Danach ist das Meer so glatt wie zuvor.
Die Frau jammert und klagt und schreit: »Lieber Gott, o Gott, gib mir mein Kind zurück!«
Da erhebt sich eine zweite gigantische Welle aus dem Meer, bringt das Baby unversehrt auf den Arm der Mutter zurück und verschwindet wieder.
Die Frau sieht auf ihr Baby, dann zum Himmel und murmelt verstimmt: »Es hatte eine Mütze auf!«

5

Das Wesen der Erleuchtung

Das Brüllen des Löwen

Ein Schüler fragte seinen Meister, wie lange es dauert, bis man die Erleuchtung erlangt. Der Meister antwortete mit folgender Geschichte:

Ein Dobi – das ist in Indien die Bezeichnung für einen Mann, dessen Beruf es ist, Wäsche zu waschen – ein Dobi also war zum Fluß hinuntergegangen, um Wäsche zu waschen. Da kam ein Löwe aus dem Gebüsch, um am Fluß zu trinken. Als er trank, kam ein Jäger vorbei und erlegte ihn. Der Jäger zog dem Löwen das Fell ab und ging dann weiter. Der Dobi, der alles beobachtet hatte, näherte sich dem toten Löwen und sah, daß das Tier hochträchtig war. Er holte das Junge heraus und nahm es mit nach Hause. Dort zog er den kleinen Löwen auf, und als er größer wurde, packte der Dobi Wäsche auf seinen Rücken, und so trug der Löwe zusammen mit den Eseln des Dobi die Wäsche zum Fluß hinunter. Eines Tages, als der Dobi mit seinen Eseln und dem Löwen die Wäsche zum Fluß brachte, war ein wilder Löwe in der Gegend, der hungrig und auf der Jagd war. Als der wilde Löwe zum Fluß kam, traute er seinen Augen kaum: Da graste ein Löwe friedlich mitten in einer Herde von Eseln. »Wie gibt's denn sowas?« dachte der wilde Löwe. »Ein Löwe, der Gras frißt, während seine natürliche Nahrung direkt neben ihm steht?« Der wilde Löwe wollte herausfinden, was das zu bedeuten hatte, und sprang mit einem gewaltigen Satz aus dem Gebüsch.

Als die Esel ihn sahen, gerieten sie in Panik und liefen so schnell sie konnten davon. Der zahme Löwe lief mit ihnen. Der wilde Löwe rannte hinterher und schnappte sich den zahmen Löwen, packte ihn beim Genick und warf ihn zu Boden.
»Bitte, mein Herr, fressen Sie mich nicht!« bat der zahme Löwe voller Angst.
»Du bist ein Löwe, was machst du denn bei den Eseln?« fragte der wilde Löwe.
»O nein, mein Herr, ich bin ein Esel«, antwortete der zahme Löwe. »Bitte lassen Sie mich wieder zu meiner Herde!«
»Du bist ein Löwe«, sagte der wilde Löwe: »Schau hier in den Fluß, schau dein Spiegelbild an und dann meins.«
Die beiden Löwen schauten ins Wasser. Der zahme Löwe sah mit Erstaunen, daß ihre Spiegelbilder sich in nichts unterschieden.
»Und nun«, sagte der wilde Löwe, »öffne dein Maul und brülle.«

Der Meister blickte den Schüler an, der gefragt hatte, wie lange es dauert, bis man die Erleuchtung erlangt, und sagte: »Erleuchtung ist deine wahre Natur. Öffne einfach den Mund und brülle!«

Der Fluß und das Meer

Es war einmal ein wunderschöner Fluß in den Bergen, der sich danach sehnte, zum Meer zu gelangen. So suchte er sich seinen Weg aus den Bergen heraus und floß auf das Meer zu. Doch bald stieß er auf eine weitgestreckte Wüste, die zwischen ihm und dem Meer lag. So sehr er sich auch bemühte, sie zu durchqueren – es gelang ihm nicht. »Ich werde versuchen, einen anderen Weg zu finden«, dachte der Fluß. Aber alle Wege, die er probierte, führten in die Wüste. »Ich werde üben, damit ich kräftiger werde«, dachte der Fluß. Das Üben half ihm, seine Kräfte zu verstärken. Aber es nützte nichts. Er floß nur ein Stück weiter in die Wüste hinein, dann trocknete sie ihn wieder aus.

»Ich werde dir helfen«, sagte der Wind. »Ich werde dich zum Meer tragen.«

»Aber wenn ich mit dir gehe«, antwortete der Fluß, dann verliere ich meine Form, ich verliere meine Identität, ich verliere mich!«

Der Fluß sehnte sich weiter nach dem Meer. Nachdem er alle Wege erfolglos ausprobiert hatte, überließ er sich schließlich dem Wind.

Der Wind hob den Fluß hoch, er verlor seine Form und überquerte die Wüste als Wolke. Als die Wolke das andere Ende der Wüste erreicht hatte, weinte sie vor Dankbarkeit und regnete aufs Meer hinab.

Himmel und Hölle

Ein mächtiger Samurai beschloß, seine spirituelle Bildung zu vertiefen. So machte er sich auf, einen berühmten buddhistischen Mönch zu suchen, der als Einsiedler hoch in den Bergen lebte. Als er ihn gefunden hatte, forderte er: »Lehre mich, was Himmel und Hölle sind!« Der alte Mönch sah langsam zu dem Samurai auf, der über ihm stand, und musterte ihn von Kopf bis Fuß.
»Dich lehren?« kicherte er. »Du mußt sehr dumm sein, wenn du denkst, ich könnte einen wie dich etwas lehren. Schau dich an, du bist unrasiert, du stinkst, und dein Schwert ist wahrscheinlich verrostet.«
Der Samurai geriet in Wut. Sein Gesicht wurde rot vor Zorn, als er sein Schwert zog, um dem lächerlichen Mönch, der da vor ihm saß, den Kopf abzuschlagen.
»Das«, sagte der Mönch ruhig, »ist die Hölle.«
Der Samurai ließ sein Schwert fallen. Erst überkam ihn Reue, dann tiefe Zuneigung zu dem alten Mann. Daß dieser Mönch sein Leben riskiert hatte, um einen völlig Fremden etwas zu lehren, erfüllte sein Herz mit Liebe und Mitgefühl. Tränen stiegen in seine Augen.
»Und das«, sagte der Mönch, »ist der Himmel.«

Der Meister lacht, der Schüler nicht.
Drum führt ihn jener hinters Licht.

Wenn ein Taschendieb dem Buddha begegnet, sieht er nur dessen Taschen.

Die Schüler eines Gurus hielten eine einwöchige Schweigemeditation ab. In der zweiten Nacht mußte einer von ihnen niesen.

»Gesundheit!« entfuhr es dem, der neben ihm saß.

»Pssst«, zischte der dritte, »wir sollen doch nicht sprechen.«

»Ihr seid beide dumm, warum redet ihr?« fragte der vierte.

»Ruhe!« rief verärgert der fünfte.

»Ich bin der einzige, der nicht gesprochen hat«, stellte der fest, der geniest hatte.

PSSST!

Ein Mönch sitzt meditierend unter einem Baum. Da kommt eine Maus und kriecht unter seine Kutte. Der Mönch jagt sie weg, aber die Maus kommt zurück.
Er verscheucht sie wieder und ruft: »Störe mich nicht, ich suche die Einigkeit mit Gott!«
Die Maus piepst zurück: »Das wird wohl nichts werden, wenn du dich nicht mal mit mir einigen kannst ...«

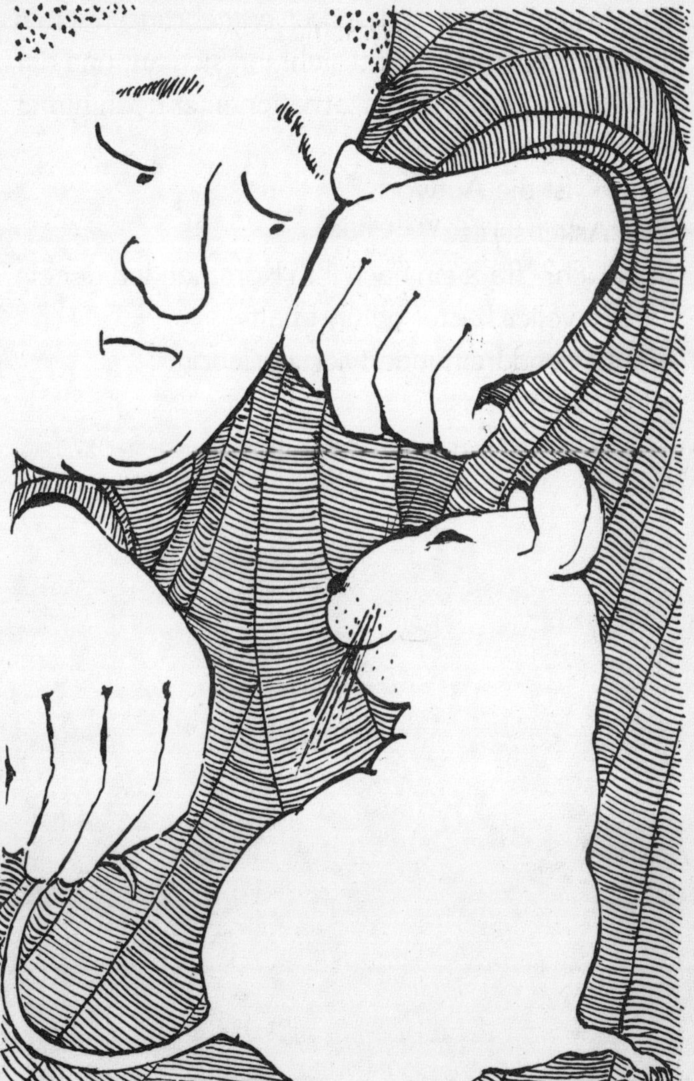

Ein Asket kommt nach einem entbehrungsreichen Leben ins Jenseits. Gott sieht ihn sich an, und der Asket fragt, wie viele Inkarnationen er noch hinter sich bringen müsse.

»Vier«, ist die Antwort.

Der Asket seufzt.

»Und ich?« fragt ein nach ihm Kommender, der ein Leben voller Laster geführt hatte.

»Eintausenddreihundertvierundsiebzig.«

»Juchuuuu!«

Ein Zen-Schüler bittet den Meister, ihm etwas über das Geheimnis des Lebens zu sagen.
»Das geht nicht«, lehnt der Meister ab.
»Warum nicht?« will der Schüler wissen.
»Weil es dann kein Geheimnis mehr wäre.«

Ein großer Guru ist auf Reisen und macht auf einer Insel Station, auf der drei Mönche leben. Als er bei ihnen vorbeikommt, hört er, wie sie ein Mantra völlig falsch rezitieren. Er bleibt stehen und bringt ihnen das korrekte Mantra bei. Die Mönche bedanken sich überschwenglich.
Bald danach setzt der Guru seine Reise fort. Das Schiff hat bereits abgelegt, da hört er vom Ufer laute Stimmen. Er schaut zurück und sieht die drei Mönche übers Wasser auf ihn zulaufen und dabei rufen: »Meister, wartet! Wir haben vergessen, wie das Mantra lautet.«

Ein Schüler sprach zu seinem Guru: »Die wahre Natur der Dinge ist die Leere. In Wirklichkeit existiert absolut nichts. Es gibt weder dich noch mich, weder Weisheit noch Dummheit.«
Der Guru betrachtete ihn lange, dann gab er ihm eine schallende Ohrfeige.
Der Schüler erschrak und wurde dann furchtbar zornig.
»Wenn nichts existiert«, erkundigte sich der Guru, »woher kommt dann dieser Zorn?«

Ein Bettelmönch und eine Schnecke treffen sich auf der Wanderschaft. Sagt die Schnecke: »Wir haben's gut. Egal, wo wir hingehen, wir bleiben immer zu Hause.«

Eine 70jährige Frau, die in einer amerikanischen Kleinstadt lebte, ging eines Tages ins Reisebüro.
»Ich möchte ein Ticket nach Katmandu.«
»Katmandu?« fragte der Mann im Reisebüro überrascht. »Aber das ist doch viel zu anstrengend für eine alte Dame wie Sie. Buchen Sie lieber eine Kreuzfahrt oder ein Feriendorf auf den Bahamas.«
»Ich will den Guru sehen«, antwortete sie nur.
In Katmandu angekommen, erkundigte sie sich nach einem Führer, der sie ins Himalaya-Gebirge bringen sollte.

»Aber Madam«, antwortete man ihr, »in Ihrem Alter ist das kaum zu schaffen, das ist etwas für junge Leute.«
»Ich will den Guru sehen«, war alles, was sie sagte.
Nach wochenlanger Reise erreichte sie einen Berg, auf dessen Gipfel sich ein Kloster befand. Unter vielen Mühen brachte sie den gefährlichen Aufstieg hinter sich, und als sie im Kloster angelangt war, erklärte sie: »Ich bin gekommen, um den Guru zu sehen.«
»Das ist unmöglich«, war die Antwort. »Der Guru hat sich zu einer langen Periode des Schweigens zurückgezogen und empfängt niemanden.«
»Schauen Sie, ich bin eine alte Frau. Ich bin Tausende von Meilen gereist. Ich muß den Guru sehen.«
Nach tagelangen Diskussionen wurde ihre Bitte erfüllt. »In Ordnung, Sie können den Guru sehen. Aber Sie dürfen nur drei Worte zu ihm sagen.«
Die alte Dame erklärte sich damit einverstanden und wurde in die Meditationshalle geführt, wo der Guru mit geschlossenen Augen auf einem goldenen Thron saß. Sie näherte sich dem Thron und sprach die drei Worte in sein Ohr: »Marvin, komm heim!«

Ein Lehrer der Wahrheit hatte die Angewohnheit, jeden Nachmittag ausgiebig zu schlafen. Von seinem Schüler befragt, warum er das tue, sagte er, er besuche die großen Meister in der geistigen Welt.
Eines Tages nickte der Schüler bei der Meditation ein und schlief fest, als sein Lehrer ihn tadelnd weckte.
»Verzeih«, sagte der Schüler, »aber ich war in der geistigen Welt bei den großen Meistern.«
»Soso, und was haben sie gesagt?«
»Ich habe sie gefragt, ob mein Lehrer jeden Nachmittag bei ihnen sei, aber sie haben behauptet, ihn noch nie gesehen zu haben.«

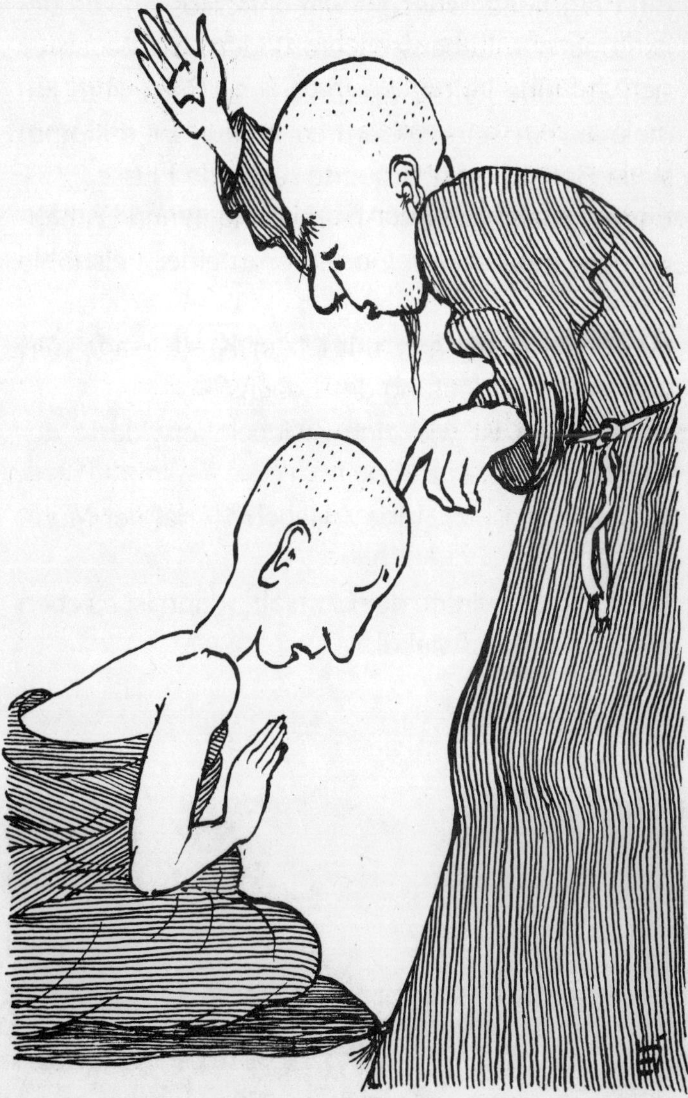

Ein Wahrheitssuchender war entschlossen, die Bedeutung des Lebens zu ergründen. So begab er sich auf eine lange, beschwerliche Reise zum Himalaya, um seinen Guru zu finden. Er erklomm steile Berge und überquerte reißende Flüsse.
Endlich, nach großen Anstrengungen und Entbehrungen, fand er den Guru, der in einer Felshöhle lebte.
»O Meister«, sagte er mit letzter Kraft, »sage mir, was ist die Bedeutung des Lebens?«
»Das Leben ist wie eine Zwiebel«, erwiderte der Guru.
»Das Leben ist wie eine Zwiebel???« rief der Mann aus.
»Schon gut«, winkte der Guru ab, »dann ist es eben nicht wie eine Zwiebel.«

Eine junge Frau heiratet einen Cellisten, der den ganzen Tag lang zu Hause übt, immer denselben Ton. Geduldig erträgt die Frau es 50 Jahre lang. Eines Abends, nach einem Hauskonzert, auf dem viele begabte Musiker spielten, fragt sie ihren Mann: »Warum spielen die anderen so viele verschiedene Töne, und du spielst immer nur den einen Ton?«
»Ich nehme an«, entgegnet er, »sie haben ihren Ton noch nicht gefunden.«

Ein Schüler bittet seinen Meister, ihn doch endlich die wahre Erleuchtung zu lehren. Der Meister vertröstet ihn wieder und wieder. Schließlich erklärt er sich bereit, die Situation bei einer Tasse Tee zu besprechen. Der Meister schenkt dem Schüler Tee ein. Die Tasse füllt sich, aber der Meister hört nicht auf zu gießen, und der heiße Tee fließt auf den Schoß des Schülers. »Aber Meister, meine Tasse ist bereits voll!« ruft er aus.
Der Meister lacht zustimmend und verläßt den Tisch.

Glossarium

Ashram – klosterähnliche Anlage in Indien
Brevier – Sammlung von Gebeten, die von katholischen Geistlichen regelmäßig zu verrichten sind
Jom Kippur – höchster jüdischer Feiertag, Tag des Sündenbekenntnisses und der Läuterung
Lama – Geistlicher des Lamaismus
Mantra – mystische Silben, die rezitiert werden, um die Erleuchtung zu erlangen
Maya – Die Illusion der Realität
Mulla – arabisch: Herr, islamischer Gelehrter
New Age – Sammelbezeichnung für die unterschiedlichsten esoterischen Strömungen der Jetztzeit
Rabbi – jüdischer Schriftgelehrter und Prediger
Samurai – im alten Japan nach strengem Ehrenkodex lebender Krieger
Shakti – kosmische Urkraft
Sufi – islamischer Mystiker
Talmud – heilige Schriften des Judentums
Thora – Gesetzesgrundlage des Judentums
Vishnu – einer der höchsten Götter im Hinduismus